Couverture illustrée par Coralie Vallageas

ISBN 978-2-244-41780-6

www.editionslito.com

20 HISTOIRES
autour du monde

Éditions Lito

Une histoire !

Avec des enfants courageux qui relèvent plein de défis,
des amoureux futés qui finissent toujours par se retrouver,
des animaux rigolos qui font bien rire leurs amis,
des copains et des copines qui échangent leurs plus grands secrets !

À chaque soir son histoire à travers les cinq continents !

Groenland, Russie, Népal, Chine, Inde, Australie, Tuamotu, États-Unis, Haïti, Venezuela, Brésil, Congo, Kenya, Mali, Sénégal, France, Pologne, Arabie Saoudite, Irak...

Boucle ta valise et pars pour un grand tour du monde des histoires !

Inuit, mandarin, petit Indien ou reine de la jungle,
quand vient la nuit, tout le monde dit « oui » pour une petite histoire !

SOMMAIRE

CRAC!

1
2
8
9
10
11
12
15
16
17
Carte du monde

3
20
4
5
19
6
14
7

La valise

Dans le grenier de Jeanne,
il y a une grosse valise bleue
avec un cadenas et une clé,
qui lui donnent un air mystérieux…

Un jour, Jeanne y a découvert un trésor !

Des cartes postales de tous les coins
de la terre,
Des cartes aux bords crénelés
qui montrent la mer,
Des cartes aux lettres penchées
qui ondulent et s'étirent,
Des cartes avec des mots qui font
pleurer ou rire.

Des habits tout noirs avec des boutons
dorés,
Des habits de dentelle et une robe
de mariée,
Des habits du dimanche, des bottines,
des casquettes,
Des habits sentant bon la rose, le lilas
et la violette.

Des photos jaunies avec des trous
et des taches,
Des photos avec des hommes
à moustaches,
Des photos avec des garçons en robe
et des filles à rubans,
Des photos d'autrefois, en noir
et blanc, du temps d'avant.

Une poupée en porcelaine vêtue
de soie,
Une poupée noire, sans habits, ma foi,
Une poupée d'ivoire, avec des yeux
de jade,
Une poupée de Chine, qui attendait
Jeanne…

Au fond de la valise, Jeanne a trouvé
une clé.

Et si c'était la clé de sa valise à elle ?
Une valise à remplir de tous
ses souvenirs…

Et si Jeanne partait en voyage tout
autour de la terre ?
Faire le tour de ses rêves… à elle !

Virginie Monbrison - Gretchen

Le petit glaçon du bout du monde

Tip tip tip !
Dans son igloo, Aputik se réveille : quel est donc ce drôle de bruit ?
Tip tip tip !
Aputik sort pour mieux écouter : c'est le bruit de la glace qui fond ! Hier, la banquise allait jusqu'à l'horizon, et ce matin, elle s'arrête au bout de ses bottes. Le bleu de la mer a remplacé le blanc de la neige. Aputik se retrouve sur une île de glace qui – tip, tip, tip – fond, elle aussi. « Vite, se dit Aputik, je dois retrouver mon village. »

Il accroche, à l’arrière du kayak,
son morceau d’île glacée. Il rame,
rame tout le jour, toute la nuit, mais
c’est trop tard, il n’y a plus de banquise,
plus de village. Tout a fondu.

Aputik est courageux, il ne renonce pas
et continue de ramer. Un matin,
il aperçoit une terre bien étrange,
une île faite de sable noir. Un arbre
est planté au milieu. C’est un cocotier,
mais Aputik n’a jamais vu d’arbre
et encore moins de cocotier. Il tire
son kayak sur le sable. Comme
c’est étonnant : la mer est chaude
et les poissons, pleins de couleurs.
De son île glacée et de son igloo,
il ne reste plus qu’un gros morceau
de glace qui fond.

– Hé ! garçon, dit soudain une voix.
Ne reste pas là ! La mer monte,
viens vite dans mon cocotier !
Aputik grimpe. Une petite fille
l’accueille.

– Mets ce paréo, tu dois avoir chaud avec tes gros habits !
Aputik enlève ses bottes en fourrure de loup, son pantalon en peau de caribou et son manteau en poils d'ours.
La petite fille sourit :
– Tu es tout blanc.
– Normal, je viens du pays du froid, de la neige. Je m'appelle Aputik.
– Moi, c'est Miti. Je ne connais pas ce pays dont tu parles.
– Mon pays n'existe plus, il a fondu, répond tristement Aputik.
– Oh, tu sais, moi, mon pays coule. Regarde : l'eau monte. Heureusement, nous sommes à l'abri sur mon cocotier. Pour te souhaiter la bienvenue, buvons l'eau de coco.
Miti, d'un geste agile, cueille une noix de coco et l'ouvre d'un coup sec.
– Goûte, Aputik, tu aimes ?
– Mmmm, ce serait encore meilleur si c'était frais !
Alors Aputik met dans l'eau de coco tout ce qui lui reste de son pays : un petit glaçon du bout du monde.

Yoann Cabourg - Mylène Rigaudie

La chanson de Youmi et Blanc-Poil

Youmi était un jeune chasseur de la tribu des Yakousk. Il habitait en Sibérie, entre plaine et forêt, près d'une grande rivière poissonneuse. Tous les enfants de son âge ne parlaient que de deux choses, la pêche au saumon et la chasse à l'ours, mais lui n'aimait ni l'un ni l'autre : il préférait jouer de la bandourka, une petite guitare en bois de bouleau.

Ce jour-là, pourtant, était un jour très spécial pour lui. Il avait maintenant l'âge de passer l'épreuve des grands chasseurs : pêcher un saumon sur le dangereux territoire des ours !
Les autres enfants se moquèrent de lui :
– Alors, le musicien, tu vas chez les ours ? Quand ils t'attaqueront, tu leur donneras des coups de guitare ?
Youmi préféra les ignorer. Pourtant, il avait vraiment très peur : on racontait tellement d'histoires sur les ours !

Il prépara son sac : du poisson séché et une tartine de miel pour le pique-nique, ainsi que la vieille canne à pêche de son grand-père et son petit arc.
Il décida aussi d'emporter discrètement sa bandourka : elle ne lui servirait peut-être à rien, mais il se sentait rassuré quand il passait la main sur ses cordes rêches.
Le soleil se levait à peine quand il quitta le village.

Au même moment, loin en amont de la rivière, un jeune ourson regardait avec inquiétude la forêt qui se dressait devant lui : c'était la première fois que Blanc-Poil allait quitter le pays des ours. Il avait en effet l'âge de passer l'épreuve des grands ancêtres : voler un poisson séché aux terribles chasseurs à deux pattes !
L'ourson pleura sur son sort :
– Pourquoi dois-je faire quelque chose d'aussi dangereux ? Moi, je préfère chanter les pieds dans l'eau et manger du saumon !

Prenant son courage à deux pattes, il vérifia le contenu de son baluchon – un saumon bien frais et des framboises – puis il se mit en route.

Quand le soleil fut au zénith, il décida de faire une petite pause. Il commençait à déballer son pique-nique quand il entendit de la musique. « Humm, pas mal, pensa-t-il, la mélodie est bonne. »
En suivant l'air, il commença à chantonner ; le musicien lui répondit par quelques notes.
En chantant toujours, Blanc-Poil s'approcha pour voir qui jouait si bien.
À sa grande surprise, c'était un petit chasseur. Terrifié, l'ourson bondit dans un tronc d'arbre creux.
Le chasseur, qui l'avait vu lui aussi, prit peur et se jeta derrière un buisson.

Ils restèrent un moment cachés sans rien oser faire, puis le chasseur lança :
– Oh ! eh ! monsieur l'Ours, je suis un tout petit garçon chétif n'ayant que la peau sur les os. Me manger ne te rassasierait pas.
Blanc-Poil, surpris qu'on puisse penser qu'il mangeait autre chose que du poisson et des baies, répondit :
– Mais je ne mange que du poisson !
Il proposa, toujours un peu inquiet :
– Si tu me laisses partir sans me cribler de tes flèches pointues, je te donne mon pique-nique !
Youmi fut surpris qu'on puisse penser qu'il était capable de toucher quoi que ce fût avec ses petites flèches.
– Marché conclu : si tu ne me manges pas, je ne te chasse pas.
– Et je te donne mon pique-nique, ajouta l'ourson.
Youmi sourit : manifestement, cet ours n'était pas le plus dangereux de la forêt.
– Dans ce cas, nous n'avons qu'à échanger nos pique-niques !
– D'accord, répondit Blanc-Poil.

Tous deux sortirent prudemment de leur cachette, en s'observant encore avec un peu d'appréhension. Quand ils furent assez proches pour échanger leurs pique-niques, Blanc-Poil vit la bandourka que Youmi avait sur le dos. Curieux, il demanda :
– C'est avec ça que tu joues de la musique ?
Youmi prit l'instrument et joua quelques notes.
– Oui, c'est une bandourka, j'adore frotter ses cordes.
Puis il ajouta :
– Est-ce que tous les ours chantent aussi bien que toi ?
Blanc-Poil rougit un peu.
– Oh non, les ours préfèrent jouer des mauvais tours aux chasseurs. Moi, j'ai appris à chanter avec un vieux loup de la montagne. J'adore chanter. Hélas ! pour devenir un vrai ours, je dois voler un poisson séché aux dangereux chasseurs à deux pattes.
Youmi rit de bon cœur et dit :
– Eh bien ! tu n'auras pas à aller bien loin : mon pique-nique, c'est un poisson séché !
Puis il fronça les sourcils, l'air abattu.
– Chez moi aussi, on est obligé de faire quelque chose de stupide pour devenir grand : je dois voler un saumon frais aux terribles ours.

L'ours rit à son tour :
– Eh bien ! on dirait que c'est notre jour de chance à tous les deux : mon pique-nique à moi, c'est un saumon pêché de ce matin !

Avant de se quitter, les deux nouveaux amis passèrent de longues heures à jouer de la musique ensemble. Lorsqu'ils rentrèrent finalement chez eux, leurs peuples respectifs, très surpris, se demandèrent bien comment ils avaient réussi leur épreuve. Mais ça, c'était leur secret ! Maintenant, dans la forêt, on entend souvent une musique étrange et belle : c'est la chanson de Youmi et Blanc-Poil.

Virginie Monbrison - Yuko

C'est trop loin à pied !

– Allez Martin, dépêche-toi ! Enfile ton manteau, on va être en retard à l'école !
Martin ronchonne : tous les matins c'est la même panique.

Maman se radoucit.
– Je vais te raconter une histoire pour te donner du courage !

« Il était une fois une petite fille qui s'appelait Torma. Elle habitait loin d'ici, dans les hautes montagnes du Népal.

Ce matin, Torma se réveille alors qu'une nuit épaisse et froide recouvre encore sa maison. Elle enfile un pantalon bien chaud, une grosse veste de coton épais et chausse deux petites sandales réparées maintes fois par son père.
Torma se débarbouille vite, l'eau glaciale lui gifle les joues. De ses mains endolories par le froid piquant du matin, elle se fait deux petites couettes.
Elle avale son petit déjeuner : du thé brûlant et des biscuits. Tout à l'heure, elle aura droit à une portion de *dhal bat*, du riz aux légumes, arrosé d'une soupe de lentilles. Mais avant, un long et rude chemin l'attend. Elle va devoir marcher.
Torma espère que ses petites sandales tiendront.

Elle met son sac sur son dos et, sans bruit, referme la porte sur la chaleur fragile de la maison.
Il fait encore nuit. Torma sourit : peut-être arrivera-t-elle à temps aujourd'hui ?
Le sentier est accroché à la falaise, étroit et plein de cailloux qui roulent sous les pieds. Pourtant, Torma le dévale en courant. Elle saute, agile comme les chèvres de son père ; elle évite les trous, les racines.
Elle n'a pas le temps d'avoir peur : il faut qu'elle soit à l'heure.

Pendant plus de deux heures, Torma va seule dans la montagne, de sentiers escarpés en escaliers de pierres, rivalisant avec le jour qui se lève trop vite.
Elle s'arrête pour reprendre son souffle.
Devant elle : le vieux pont suspendu.
Il oscille, gémit sous la morsure du vent.
En contrebas, les tourbillons noirs et glacés du torrent grondent. Torma hésite. Elle lève les yeux vers les étoiles qui, une à une, s'éteignent.
Elle n'a pas le choix. Elle pose son pied sur la première planche et elle compte : 1, 2, 3… Elle ne doit pas se tromper : la vingt-cinquième planche est cassée.
Il ne faut surtout pas marcher dessus, sinon, c'est la chute…
“Ouf, ce n'est pas ce matin que le torrent me mangera”, pense la petite fille avant de poursuivre sa route.
Le chemin devient plus facile. Enfin, tout en bas, Torma distingue, dans un reste d'ombre et de nuit, son école.

Quand Torma déboule dans la petite salle, tous les enfants sont déjà là.
– *Namasté*, Torma. Nous t'attendions.
Tiens, tu l'as bien mérité !
Pema lui tend un bol de riz tout chaud.
Torma est heureuse. Elle a réussi.

Elle est arrivée juste à temps… Pema, sa maîtresse adorée, tient le livre ouvert sur ses genoux, à la première page. Avant de commencer la classe, Pema offre toujours à ses élèves, pour apaiser le ventre, un bol de riz et de légumes, et pour apaiser l'esprit, une histoire. Et pour rien au monde Torma ne voudrait rater le début de l'histoire… »

– Alors, dit maman, elle t'a plu, l'histoire de la petite Torma ?
Martin fait « Mmoui ». Les yeux pleins de sommeil, le nez rouge de froid, il lui donne la main, résigné, et se laisse traîner.
– Martin, fais un effort. Tu exagères, nous n'avons que cinq minutes de marche pour aller à l'école, tu te rends compte ?
– Oui… ça fait super méga loin à pied. On pourra y aller en voiture, demain ?

Claire Astolfi - Mathilde Lebeau

Le mandarin et son chat

Il y a très longtemps vivait en Chine un vieux mandarin.

Un jour, on lui offrit un énorme chat, fort beau et très intelligent. Il était si magnifique que le mandarin décida de l'appeler Soleil, car il lui semblait bien que son chat était aussi resplendissant que le soleil.

Quand son voisin vint lui rendre visite, il lui présenta son chat avec fierté :
– Voici Soleil.
Mais son voisin lui dit :
– Tu sais, le soleil n'est pas si puissant puisqu'un simple nuage suffit à le cacher. Appelle-le plutôt Nuage.
Et le chat s'appela Nuage.

Mais le soir-même, sa femme lui fit remarquer :
– Le nuage n'est pas si puissant puisqu'un simple coup de vent suffit à le chasser.
Alors le mandarin appela son chat Vent.

C'était compter sans son fils aîné.
– Regarde cette vieille tour dans le jardin, qui résiste au vent depuis tant d'années ! Appelle donc ton chat Tour !

Mais sa fille cadette dit aussitôt :
– Cette vieille tour résiste peut-être au vent, mais quand le trou qu'il y a dans son mur s'agrandira, elle tombera ! Le trou est plus puissant que la tour.
Et le mandarin appela son chat Trou… ce qui n'était pas très élégant pour un chat !

Le lendemain, il rencontra de nouveau son voisin et lui présenta son chat :
– Voici Trou !
Le voisin sourit et répondit :
– As-tu pensé à la souris qui passe dans le trou ? N'est-elle pas plus puissante que le trou ? Et si tu appelais ton chat Souris ?
Alors le mandarin appela son chat Souris… ce qui était plutôt curieux pour un chat !

Le mandarin, un peu inquiet à l'idée d'avoir donné un mauvais nom à son chat, alla se promener dans son jardin. Il rencontra le jardinier et lui demanda, anxieux :
– Dis-moi, qu'y a-t-il de plus puissant que la souris ?
Et le jardinier répondit avec un grand sourire :
– Le chat, bien sûr !

Alors le mandarin appela son chat Chat !

Yoann Cabourg - Émilie Camatte

Raji et Abhaya

Il était une fois un jeune garçon qui s'appelait Raji. Il vivait pauvrement dans une fragile maison de terre et ne possédait qu'une petite terrasse de dattiers dont il vendait les fruits sur le marché. Quand il se sentait triste, il allait jouer du sitar à l'ombre des hauts murs des jardins du palais.

C'est là, un jour, qu'il avait fait la connaissance de la princesse Abhaya. Alors qu'il caressait les cordes de son instrument, une petite voix lui était parvenue par une brèche du mur :
– Comme votre musique est belle !
S'arrêtant de jouer, il avait répondu :
– C'est parce que ma musique est libre. Je la joue pour tout le monde, même au-delà des murs !

Depuis ce jour, il revenait régulièrement tenir compagnie à la princesse. Alors qu'ils ne s'étaient jamais vus, séparés par le large rempart, Raji et Abhaya étaient tombés amoureux et attendaient toujours avec impatience le moment de se retrouver.

Un jour que la voix d'Abhaya semblait triste, Raji s'inquiéta :
– Quelque chose vous tracasse, princesse ? Votre voix paraît serrée par l'émotion…
Elle ne répondit pas tout de suite, cherchant ses mots, puis elle sanglota :
– Mon père, le maharajah, dit qu'il est temps que je me marie, et comme je refuse tous les prétendants, il a décidé d'organiser une épreuve. Mais mon cœur est déjà pris ; je ne veux pas d'un de ces princes prétentieux !
Raji sentit son cœur s'arrêter. Il joua un accord empli de tristesse et demanda :
– En quoi consiste cette épreuve ?

– Chaque prétendant doit construire un coffre dans lequel on pourra mettre le plus de choses possible, répondit la princesse.

Ce soir-là, Raji rentra chez lui le cœur plein de colère. Comment rivaliser avec les princes et les marchands, assez riches pour s'offrir les meilleurs artisans du royaume ? Il se coucha tôt, mais le sommeil le fuyait.
Les semaines passaient, et il ne trouvait même plus le courage de descendre jouer du sitar. Lorsque le jour du concours finit par arriver, il n'avait pas dormi de la nuit. Il marchait entre les dattiers, plus triste que jamais, quand soudain lui vint une idée.
Il s'activa toute la matinée, et arriva au palais quelques minutes avant la fin du concours.

Dans la salle du trône, il vit les experts du maharajah mesurer avec difficulté des coffres qui auraient pu contenir sa maison tout entière.
Le maharajah cria :
– Tous les candidats sont-ils passés ?
Raji s'avança.
– Ô grand maharajah, je voudrais, avec votre permission, vous présenter mon coffre.
Il s'avança et déposa sur le sol une petite boîte sans couvercle guère plus grande qu'une cage à poules. Les prétendants se moquèrent bruyamment.
Le maharajah, qui était un sage, demanda des explications :
– Pourquoi, jeune homme, me présenter un coffre bien plus petit que les autres ?
Raji s'agenouilla devant sa boîte et expliqua :
– Il est peut-être petit, mais il contient bien plus que tous les autres réunis.
Il en sortit un petit sac qu'il vida dans sa paume : c'étaient des graines de dattes.
– D'abord, il contient une forêt.
Un prétendant s'avança.
– Ce ne sont que des graines, railla-t-il.
Mais Raji lui répondit :
– Plante ces graines, et avec de la patience, tu auras une forêt.
En disant ces mots, il plongea de nouveau la main dans son coffre. Il en sortit son sitar.

– Mon coffre contient une forêt, et au milieu de cette forêt est caché quelque chose d'encore plus grand.
Il joua alors une douce mélodie qu'il avait écrite, la préférée de la princesse.
En entendant ces notes, Abhaya reconnut celui qu'elle n'avait jamais vu, mais qu'elle aimait depuis longtemps déjà.
Elle s'agenouilla à ses côtés et lui prit la main.

Raji dit alors :
– Mon coffre contient aussi tout notre amour, mais il n'a pas de couvercle car on n'enferme pas l'amour. Comme la musique, il est libre d'aller où bon lui semble, dans un palais ou dans une maison de terre.
Les prétendants allaient protester quand le maharajah prit la parole :
– Jeune homme, tu as l'intelligence d'avoir pensé au contenu du coffre plutôt qu'au coffre lui-même, tu as la sagesse de savoir qu'une forêt naît des graines et de la patience. Et enfin, le plus important, tu as l'amour de ma fille. Je te déclare gagnant et nouveau rajah du royaume.
Ainsi, Raji et Abhaya se marièrent, plantèrent des graines et eurent beaucoup d'arbrisseaux.

Yoann Cabourg - Marie Paruit

Qui suis-je ?

Il était une fois, de l'autre côté du monde, en Australie, une cigogne qui faisait son travail : elle livrait des bébés à leurs parents en les portant dans un baluchon solidement accroché au bout de son bec.
Alors qu'elle survolait une grande plaine, une violente bourrasque vint lui arracher le poupon. Après une chute vertigineuse à travers les nuages, PLOUF, le colis se retrouva au milieu d'une large rivière.

Le petit locataire du baluchon sortit de son sac et nagea maladroitement jusqu'à la rive. Il se secoua pour se sécher, puis, encore tout tremblant, appela de sa petite voix :
– Oh ! eh ! il y a quelqu'un ?
Après quelques instants, une grosse bête sortit d'un fourré.
– Bonjour, petit, je suis un wombat, que fais-tu ici tout seul ? lui demanda l'animal.
– Je suis tombé du bec de la cigogne, je cherche mes parents. Vous qui avez le même pelage épais et marron que moi, êtes-vous mon papa ? demanda le petit orphelin avec espoir.
– Moi ? Ah non, certainement pas ! Regarde mon nez : j'ai une truffe ronde et noire ; toi, tu as un bec long et plat comme celui de la spatule. Tu devrais aller la trouver, elle habite dans le lac au bout de la rivière.
– D'accord, merci, monsieur Wombat, répondit le petit animal perdu, et il se mit en route.

Lorsqu'il arriva au lac, il aperçut rapidement madame Spatule, qui nageait au milieu des joncs.
– Oh ! eh ! madame Spatule ! appela-t-il.
En se rapprochant, elle lui demanda :
– Bonsoir, petit, que fais-tu ici tout seul ?
– Je suis tombé du bec de la cigogne, je cherche mes parents. Le wombat m'a dit que vous aviez le même bec que moi. Êtes-vous ma maman ?

La spatule fronça les sourcils en observant le petit orphelin et dit :
– Ah non, certainement pas ! Regarde ma queue : elle cst courte et emplumée ; toi, tu as une queue longue et plate comme celle des castors. Va les trouver, ils habitent au zoo, de l'autre côté du lac, ce sont certainement eux, tes parents.
Un peu déçu, le petit orphelin remercia la spatule et se mit en quête de la maison des castors.

Il contourna le lac et, lorsqu'il aperçut enfin la maison de bois, il appela :
– Oh ! eh ! les castors, vous êtes là ?
Après un court instant, une tête sortit de l'eau : c'était madame Castor.
– Bonjour, petit, que nous veux-tu ?
– Je suis tombé du bec de la cigogne, je cherche mes parents. Madame Spatule m'a dit que j'avais la même queue que vous. Êtes-vous ma maman ?
– Moi ? Certainement pas ! Regarde : on voit à peine tes petites oreilles, alors que moi, j'ai deux belles oreilles toutes rondes ! Je suis désolée, mais j'ignore qui sont tes parents.
Sur ces paroles, madame Castor disparut dans les eaux du lac.

Tout seul, sans personne pour l'aider, le petit orphelin décida de descendre le long de la rivière mais, lorsque la nuit commença à couvrir la campagne de son sombre manteau, il eut trop peur pour continuer. Il sc blottit au pied d'un grand arbre et, bien trop triste pour retenir ses larmes, il se mit à pleurer doucement.

Soudain, alors que la lune apparaissait, un bruit le sortit de sa torpeur. Sur la berge, un étrange animal s'affairait. Le petit orphelin l'observa un moment. Il avait un pelage épais et marron comme le sien, un bec long et gris comme le sien, une queue longue et plate comme la sienne et de toutes petites oreilles comme les siennes. Alors que le petit s'approchait, l'étrange animal l'aperçut et s'écria :

– Oh ! mon bébé ! Te voici enfin ! Nous t'avons cherché toute la journée depuis que la cigogne nous a prévenus de ta chute.

Sur ces mots, elle se précipita sur lui et le prit dans ses bras.

Entre deux câlins, le petit orphelin, qui ne l'était plus, demanda :

– Tu es bien ma maman alors ? Mais si je ne suis ni un wombat, ni une spatule, ni un castor, eh bien qui suis-je ?

– Toi, mon petit, tu es un ornithorynque !

Virginie Monbrison - Mylène Rigaudie

Le pêcheur, la tortue et les trois grains de sable

Anapa est un pauvre petit pêcheur. Il vit sur un atoll des Tuamotu perdu au milieu de l'océan Pacifique.
Malgré sa modeste apparence, Anapa possède cependant un bien précieux, un secret : il est amoureux de la belle Heiana, la fille du chef Raatira.

Ce matin-là, en tirant son filet, Anapa sourit. Heiana, Anapa – « Couronne d'Étoiles » et « Reflet du Soleil sur la Mer », car c'est bien cela que signifient leurs prénoms –, cela va si bien ensemble.

Hélas, pour épouser la jolie vahiné, Raatira exige quelque chose de très spécial : le cadeau qui n'existe pas. Anapa se demande bien où trouver un tel cadeau ! Absorbé par ses réflexions, le pêcheur ne voit que trop tard la tortue empêtrée dans son filet. Il s'empresse de la délivrer, car on ne doit pas tuer une tortue : elle est *Te mana o Te Moana*, « l'esprit de l'océan ».

La tortue le regarde et lui dit :
– Anapa, Reflet du Soleil sur la Mer, j'aimerais te remercier. Si tu as besoin de moi, crie « Honu, Honu » et je viendrai t'aider.
À peine la tortue a-t-elle disparu sous l'eau qu'Anapa se frappe la tête. « *Ihaaa*, je n'aurais pas dû la laisser partir ! Une tortue qui parle est envoyée par les dieux des Océans, elle doit savoir ce qu'est le cadeau qui n'existe pas. »

– Honu, Honu ! crie alors Anapa.
Aussitôt, une petite voix lui répond :
– Je suis là, Anapa, je t'écoute.
– Honu, aide-moi. J'aime Heiana, mais pour être son *tane*, son fiancé, je dois offrir au chef Raatira le cadeau qui n'existe pas.
La tortue réfléchit et dit :
– Reviens demain matin.

Le lendemain, Anapa découvre sur la plage un étonnant coquillage. Doux et léger, il brille de mille feux ; porté à l'oreille, il chuchote le chant de la mer. Assurément, un coquillage comme celui-là n'existe pas ! Anapa se rend chez Raatira. Le chef prend le coquillage, le retourne, le renifle, le soupèse…
– Anapa ! Ne crois-tu pas qu'Heiana vaut mieux qu'un vulgaire coquillage ? Assurément, ce coquillage n'est pas le cadeau qui n'existe pas !
Le cœur d'Anapa se brise comme les vagues sur le récif.

Il retourne au lagon et appelle encore une fois :
– Honu, Honu !
Aussitôt, une petite voix lui répond :
– Je suis là, Anapa, je t'écoute.
– Honu, aide-moi à trouver le cadeau qui n'existe pas !

La tortue réfléchit et dit :
– Apporte-moi trois grains de sable et reviens dans trois jours.
Anapa, étonné, ramasse trois grains de sable : un noir, un blanc, un rose.
Honu s'en empare et disparaît dans la mer.

Trois jours plus tard, Honu revient et dépose aux pieds du pêcheur trois étranges coquillages. Anapa n'en a jamais vu de tels auparavant.
– Anapa, j'ai tenu ma promesse.
Le cadeau qui n'existe pas est au cœur de ces coquillages.
Intrigué, Anapa les ouvre délicatement…
Un immense sourire éclaire son visage : il sait maintenant que, grâce à cette petite tortue, Heiana sera sa femme.

Anapa court chez Raatira. Le vieux chef ouvre l'écrin tressé que lui tend le pêcheur. Muet de stupeur, il fait rouler au creux de sa grosse main ridée ces choses qu'il n'a jamais vues et qui ressemblent à trois grains de sable ronds, lisses et scintillant de toutes les couleurs du ciel, de la mer et de la terre. Assurément, de telles beautés n'existent nulle part ailleurs.

– Chef Raatira, voici le cadeau qui n'existe pas. Il m'a été offert par les dieux des Océans pour ta fille. Ce sont trois grains de sable appelés… perles.

Depuis ce jour, Anapa, Reflet du Soleil sur la Mer, et Heiana, Couronne d'Étoiles, vivent heureux dans leur petit *fare*, près de la plage. Aidés d'Honu, la tortue, ils fabriquent les plus belles perles du Pacifique, et la perle dont ils sont le plus fiers est assurément leur petite fille née un joli matin, qui répond au doux nom de Poehere… « Perle d'amour ».

Ghislaine Biondi - Coralie Vallageas

Bleu-sans-Nuages

Depuis quelques jours, la belle saison a commencé pour les Peaux-Rouges, et la prairie déroule son tapis de fleurs de toutes les couleurs.

Ce matin, la maman de Bleu-sans-Nuages met la main sur son ventre rond et se tourne vers son garçon :
– Ta petite sœur va naître bientôt.
– Comment sais-tu que c'est une petite sœur ?
– C'est le vent qui me l'a murmuré. Sois gentil, va cueillir pour moi les premières feuilles de l'érable sacré.

En chemin, Bleu-sans-Nuages s'interroge : « Comment ma petite sœur va-t-elle s'appeler ? » Maman lui a souvent raconté pourquoi il a été nommé Bleu-sans-Nuages :
– Le matin où tu es né, le ciel avait fait son ménage en chassant tous les nuages. Il avait tendu aux quatre coins de l'horizon sa toile aussi bleue que la turquoise ; c'est pour cette raison que nous t'avons donné ce nom.

Dans une clairière, Bleu-sans-Nuages aperçoit deux oursons jouant sous la surveillance de leur mère. Le regard du petit Indien croise celui de l'ourse.
– Si ma petite sœur naît maintenant, elle sera forte et douce comme toi, maman ourse, et puis nous jouerons à nous battre comme tes oursons !
Le petit Indien sourit en imaginant cela. Il espère que sa petite sœur s'appellera Petite-Ourse-Espiègle.

Soudain, Bleu-sans-Nuages entend le hurlement du loup. Ce doit être le chef qui appelle le reste de la meute.
– Si ma petite sœur naît maintenant, elle sera fière et libre comme le loup, et nous jouerons à devenir les meilleurs chasseurs de notre clan !
Le petit Indien se sent fier en imaginant cela. Il espère que sa petite sœur s'appellera Louve-Agile.

Plus loin, Bleu-sans-Nuages traverse une rivière toute frétillante de poissons.
– Si ma petite sœur naît maintenant, elle n'aura pas sa pareille pour pêcher la truite et le saumon. Elle me montrera les meilleurs coins, et notre famille n'aura plus jamais faim !
Le petit Indien se réjouit en imaginant cela. Il espère que sa petite sœur s'appellera Poisson-d'Argent.

Enfin arrivé au pied de l'érable sacré, Bleu-sans-Nuages s'approche du tronc et s'adresse à lui :
– Bonjour, je suis Bleu-sans-Nuages, le fils de Tonnerre-qui-Gronde et de Croissant-de-Lune. Ma petite sœur va naître aujourd'hui et maman m'a demandé de rapporter un bouquet de tes feuilles pour lui porter bonheur.

Le petit Indien choisit les plus belles, puis il remercie l'arbre et le salue avant de repartir. Le long du sentier, il cueille des fleurs et ramasse des plumes aux jolies couleurs.

Arrivé en vue du village, Bleu-sans-Nuages allonge le pas : il est pressé d'offrir ses cadeaux à sa petite sœur ! Assise à l'ombre, maman tient dans ses bras un bébé tout emmailloté.
– Bleu-sans-Nuages, je te présente ta petite sœur : Chant-du-Rossignol. Au moment où elle est née, le rossignol qui a fait son nid près de notre tipi a chanté.

Bleu-sans-Nuages oublie aussitôt tous les noms qu'il avait espérés : Petite-Ourse-Espiègle, Louve-Agile et Poisson-d'Argent. Il est très fier de sa petite sœur Chant-du-Rossignol, car il sait qu'elle aura la plus jolie des voix. Et quand tout le monde chantera pour faire tomber la pluie, c'est grâce à elle que la pluie tombera !

Régine Joséphine - Céline Riffard

Le caïman de Zandoli

Dans une tribu arawak, vit Zandoli, un enfant plus lent que le lézard dont il porte le nom. Avant sa naissance, une mouche à dormir a piqué la mère du garçon. Aussi, depuis que Zandoli est sur terre, il marche et parle avec une lenteur désespérante.

Mais, dans la tribu de Zandoli, il faut être rapide pour devenir un homme. Quand la nuit pleine de bruits envahit la terre, les chasseurs descendent vers le fleuve. C'est là que vit l'animal le plus dangereux : le seigneur Caïman. Rien n'échappe à sa terrible gueule.
Or, pour devenir un homme, il faut lui arracher une dent ! Mais comment chasser quand on est lent comme dame Tortue ?
– Aïe ! Mon pauvre Zandoli ! se lamente sa mère. Enfant tu es né, enfant tu resteras.
– Non, répond Zandoli. J'a-rra-che-rai une dent de Caï-man. Je…
Mais bien sûr, avant qu'il puisse finir sa phrase, sa mère est déjà partie piler le manioc.

Un matin, Zandoli se prépare – il prend un sac, son couteau, un bâton bien solide et une corde –, avant de s'enfoncer dans la mangrove. Les oiseaux se moquent de lui tant il marche lentement :
Zandoli dort, n'aie pas peur Caïman,
Zandoli dort et chasse en même temps…

Zandoli fait semblant de ne pas les entendre. Lorsqu'il arrive devant la rivière, la nuit vient de tomber. Les oiseaux s'endorment. Zandoli s'assied sur une racine et attend.

Bientôt, l'eau clapote et des petites vagues viennent caresser la berge. Une ombre immense nage vers lui : seigneur Caïman est au rendez-vous !
– Miam ! dit l'animal. Voici mon repas du soir servi à domicile !
– A-ttends ! dit Zandoli. A-vant, je veux te ra-con-ter une his-toire.
Même si Zandoli parle lentement, il a une jolie voix. Caïman n'a pas très faim ce soir, et comme il s'ennuie, une histoire pourrait bien le distraire. Il sera toujours temps de manger l'enfant une fois le conte terminé. Zandoli commence :
Cric, crac, trois fois bel conte, il était une fois…

Zandoli a écouté tous les contes des Anciens. Il les connaît par cœur et peut les réciter aussi bien qu'eux. Sa voix lente est si caressante qu'il est impossible de l'interrompre. Il mêle à ses phrases des morceaux de chansons si doux… que bientôt les yeux de Caïman se ferment. En voyant la tête de l'animal pencher, Zandoli veut arrêter de raconter, mais seigneur Caïman se réveille d'un coup et fait mine de le gober.
– Continue ! Ou je te croque !

Zandoli reprend sa chanson. Une fois encore, la tête de Caïman se pose dans la boue. La voix de Zandoli le berce.

Il bâille en ouvrant largement la gueule…
et se met à ronfler.
Zandoli commence à le ligoter sans cesser de chantonner. Il l'attache aux racines d'un grand arbre, puis il coince son bâton dans la gueule de Caïman pour la maintenir ouverte et sort son couteau. Caïman se réveille, mais il ne peut plus bouger. Il a beau se débattre, il ne peut pas empêcher Zandoli de lui arracher toutes ses dents. Quand le jeune chasseur a fini, seigneur Caïman ressemble à un vieux sac tout froissé.
Le lendemain soir, Zandoli revient au village avec, en guise de collier, les dents blanches et pointues du seigneur Caïman. Enfants, chasseurs, Anciens, tout le monde le porte en triomphe.
Zandoli dort, chantent-ils en dansant et en riant, *prends garde Caïman, Zandoli dort et chasse en même temps !*

Virginie Monbrison - Yuko

La reine Rouge ou la légende de l'unau

Connais-tu l'unau, aussi appelé « paresseux » ? Cet étonnant animal vit dans les forêts tropicales d'Amérique du Sud. Il se nourrit de feuilles et de fruits, et passe tout son temps à dormir, suspendu aux branches, la tête en bas. Il ne descend à terre que tous les dix jours pour faire ses besoins ! Les Indiens racontent un tas d'histoires sur lui. En voici une, écoute…

Il était une fois une reine aussi belle que cruelle qui régnait sur la jungle, ses rivières et ses bêtes sauvages. Elle était surnommée la « reine Rouge » à cause de ses mains tachées par le sang de ceux qu'elle avait tués. Cette terrible reine était cependant rongée par une grande souffrance. Depuis longtemps seule, elle manquait d'amour.

Un matin, la reine Rouge décida de se trouver un roi. Elle fit envoyer au fin fond de la jungle ses fidèles soldats, avec pour ordre de capturer trois hommes. Elle choisirait ensuite. Le premier fut capturé plus mort que vif : la reine Rouge n'en voulant pas, elle le jeta aux bêtes sauvages. Dans la bagarre, le deuxième perdit une oreille : la reine lui coupa l'autre et l'abandonna au cœur de la jungle. Ne resta que le troisième. C'était un chasseur de jaguars. Il n'avait pas peur d'elle. Il la regarda droit dans les yeux.
La reine fut émue par ce jeune chasseur somptueux et sauvage : elle avait enfin trouvé son roi.
– Comment t'appelles-tu ?
– Je m'appelle Aï, celui que personne ne voit.

– Celui que personne ne voit, vraiment ? ricana la reine. Mes soldats t'ont bien vu, eux.
– Je ne veux pas t'épouser, reine, j'en aime une autre.
– Une autre ? Mes soldats l'auront tuée !
Les soldats bégayèrent :
– Non, la jeune fille a réussi à s'enfuir.
– Quoi ! La reine s'étrangla de rage. Retrouvez-la et tuez-la, ainsi il sera tout à moi !

Aï refusa de voir tuer son amour. Il plongea dans la rivière qui roulait ses eaux brunes au pied du repaire de la reine. Aï connaissait la jungle. Agile et souple comme le jaguar, il sema les redoutables soldats de la reine Rouge. Liane, sa douce, l'attendait, perchée dans leur arbre secret. Aï la serra contre lui. Elle tremblait.
– Aï, la reine Rouge ne nous laissera pas en paix.
– Allons trouver la sorcière Vieille Terre. Elle m'a promis son aide.
Vieille Terre se souvint de sa promesse. Elle connaissait un sortilège pour les amoureux, mais, prévint-elle, rien ne serait plus comme avant. Aï soupira : rien n'était déjà plus comme avant…

Alors la sorcière dessina dans l'air moite de la jungle les signes de feu et, soudain, Liane et Aï ne furent plus là.

À leur place, deux étranges animaux aux grands yeux et aux longues griffes se traînaient maladroitement à ses pieds. Vieille Terre sourit. Des unaus, voilà ce qu'étaient devenus Aï et Liane. Vite, elle les aida à rejoindre les hautes branches. Grâce à une algue verte qui poussait dans leur fourrure, les unaus étaient invisibles depuis le sol, et ils se déplaçaient si lentement qu'il était difficile de les repérer.

Jamais la reine ne devina qu'Aï et Liane se cachaient sous l'apparence déroutante des unaus. Quand elle eut vent du sortilège, la reine captura des jaguars, convaincue que seul un aussi bel animal pouvait abriter un aussi beau chasseur.

Liane et Aï vécurent ainsi le jour dans la peau des unaus, et s'aimèrent le soir dans leur peau humaine. Jamais la reine Rouge ne les retrouva. Elle mourut jeune et fut enterrée avec les dizaines de fourrures des jaguars qu'elle avait fait tuer. Les Indiens racontent encore que, chaque nuit, la jungle se peuple de cris, de rires, de chants. Ce sont les enfants et les petits-enfants d'Aï et de Liane qui dansent.

Pourquoi le tamarin-lion a-t-il une crinière ?

Sur le parchemin jauni des vieux grimoires de sorcellerie, il est écrit : « Si un courant d'air passe quand vous faites une grimace, plus jamais elle ne s'efface. » Un petit singe, le tamarin, l'apprit à ses dépens par un jour de grand vent.

Depuis toujours, il était l'animal le plus drôle de la jungle et il amusait la galerie avec toutes ses pitreries. Il faisait des cabrioles, racontait des histoires drôles et singeait tous les animaux qu'il connaissait. Il n'avait pas son pareil pour imiter la voix criarde du perroquet, le caïman qui claque des dents ou l'oiseau trompette qui claironne à tue-tête. Il savait aussi marcher à pas feutrés comme le jaguar et, quand il bondissait, tout le monde sursautait. Ses imitations étaient connues aux quatre coins de la forêt, et tous riaient de se voir comme dans un miroir.

Un jour, le tamarin voulut ajouter à son numéro un nouvel animal que personne n'avait jamais vu dans la forêt tropicale. C'était le lion, le roi de la savane, qui vivait en Afrique, bien loin de l'Amérique. Le tamarin avait récolté des herbes dorées et les avait tressées autour de sa tête pour en faire une collerette. Il était très fier de sa belle crinière et quand il poussa son rugissement, il effraya les spectateurs du premier rang.

Mais ce matin-là, un vent terrible s'engouffrait entre les arbres de la forêt, et le présage des grimoires se réalisa dans cette histoire. Un courant d'air souffla dans la clairière et le tamarin garda à tout jamais sa tête de lion.

À partir de ce jour, sa nouvelle crinière changea son caractère et il perdit peu à peu l'envie de faire des singeries. Il se prit au jeu d'être le roi des animaux : il voulut tout régenter et ordonna même qu'on l'appelât « Majesté ». Pour un oui pour un non, il se mettait à rugir et, bientôt, tout le monde préféra le fuir. Le tamarin avait perdu tous ses amis et commençait à regretter le temps où il les faisait rire.

Alors, il décida de reprendre toutes ses imitations avec son apparence de lion. Voir le roi des animaux faire des grimaces, c'était encore plus cocasse !

Le tamarin-lion est redevenu l'animal le plus drôle de la forêt, et avec sa crinière dorée, il est plus élégant que jamais !

Ghislaine Biondi - Mathilde Lebeau

Oko et les chikichis

Aujourd'hui, Oko, le petit chimpanzé, apprend à casser les noix qu'il adore, les délicieuses chikichis. Il a souvent voulu essayer, mais ses parents répétaient sans cesse : « Tu es encore trop petit. » Maintenant, c'est différent, Oko est assez grand et il est fier de pouvoir faire comme papa et maman. Pourtant, ce n'est pas aussi facile qu'il le croyait.

Cela avait l'air tellement simple : poser la noix sur une pierre… donner quelques coups avec une autre pierre… et crac, quand la coque se brise, miam ! quelle savoureuse friandise !

Mais pour Oko, tout va de travers. D'abord, la noix n'arrête pas de tomber par terre, et puis, quand elle se tient enfin tranquille, il a beau frapper de toutes ses forces, la coque ne craque pas.
– C'est trop dur ! soupire le petit chimpanzé.
– Il ne faut pas te décourager aussi vite, lui dit maman.
Oko en a assez, il préfère aller s'amuser. Hop, hop, hop ! Il saute de branche en branche, il fait des grimaces et toutes sortes de singeries pour faire rire sa famille et ses amis, mais au fond de lui il est triste car il n'a pas réussi à casser les chikichis.
« Tout le monde va se moquer de moi parce que je n'y arrive pas », se dit-il.

Quand Oko a fini ses pitreries, papa s'approche de lui.

– Tu sais, moi aussi, quand j'ai voulu casser mes premières chikichis, j'ai pensé que je n'y arriverais jamais.

– Et qu'est-ce que tu as fait ? demande le jeune chimpanzé.

– Eh bien, j'ai continué. J'ai tapé toute la journée, tap tap tap, et de plus en plus fort, bam bam bam.
Et le lendemain, j'ai recommencé, tap tap tap bam bam bam, et tout à coup, crac ! la coque a cédé. J'avais enfin réussi, et je me suis régalé de cette première chikichi.

Tandis que tout le monde dort sous le chaud soleil de l'après-midi, de drôles de bruits commencent à résonner dans la forêt.
Tap tap tap… Bam bam bam…
Les animaux à moitié endormis bougonnent :

– Ce sont sûrement les éléphants qui font tout ce boucan !
Mais ils se trompent, c'est Oko, qui essaie à nouveau de casser les noix, comme un grand.
Tap tap tap… Bam bam bam…

Tout à coup, un cri réveille toute la forêt :
– Youpi !
Ça y est, Oko a réussi, et il savoure sa première chikichi. Les jeunes chimpanzés s'approchent de lui. « Ça y est, Oko est un grand maintenant ! » pensent-ils. Et ils ont des yeux tout ronds d'admiration.

Papa et maman viennent le féliciter et tap tap tap… bam bam bam… crac !
Tap tap tap… bam bam bam… crac !
Oko a cassé deux nouvelles noix, mais celles-là, elles sont pour maman et papa.

Zemanel - Céline Riffard

Edmond, le serpent le plus long du monde

C'est le début de l'après-midi dans la savane. L'heure la plus chaude de la journée. L'heure à laquelle chacun vient se réfugier sous le grand arbre feuillu. L'éléphant se gratte le dos contre le tronc, le lion se prélasse à l'ombre des feuilles et le zèbre déguste quelques brins d'herbe verte. Seul le singe n'y a pas sa place, car tout le monde redoute ses blagues, or le grand arbre feuillu, c'est un endroit où l'on veut être tranquille.

Tranquilles, ils le seraient si Edmond le serpent n'avait eu l'idée de passer par là. Pour lui aussi, c'est l'heure de la sieste, et il a chaud, très chaud. Et quand Edmond a chaud, il est de très mauvaise humeur.
Au zèbre qui déguste quelques brins d'herbe verte et fraîche, il dit :
– File d'ici ! C'est l'heure de ma sssssieste !
Le zèbre obéit et file aussitôt.
Au lion qui étire ses pattes, il crie :
– Déguerpis d'ici ! C'est l'heure de ma sssssieste !
Le lion obéit et déguerpit aussitôt.
À l'éléphant qui se gratte le dos, il hurle :
– Décampe d'ici ! C'est l'heure de ma sssssieste !
L'éléphant obéit et décampe aussitôt.

Tout le monde craint Edmond, et tout le monde obéit quand il crie. Et pour cause : Edmond est un serpent extraordinairement long, le plus long que l'on ait vu depuis longtemps. Il s'installe, se déroule, se détend et s'étend de tout son long, ce qui lui prend un temps considérable, puis il profite seul de l'ombre du grand arbre. Les autres, le zèbre, le lion et l'éléphant, ne profitent de rien du tout. Les rayons du soleil chauffent la terre et leur brûlent la peau. Ils transpirent, ils ont soif, ils suffoquent, ils étouffent.

Le petit singe, qui passe par là, s'étonne de les voir ainsi en plein soleil.
– C'est Edmond, se plaignent-ils. Il veut l'ombre pour lui tout seul.
– Chassez-le, suggère le singe.
– Impossible, répondent-ils tout tremblants, il est tellement long, tellement terrifiant… Il ne craint personne. Nous ne pouvons rien faire.
– Moi, je connais quelqu'un qui pourra lui faire peur, lance le singe. Laissez-moi faire.

À l'ombre du grand arbre feuillu, Edmond s'est endormi. De temps en temps, il ouvre un œil pour vérifier que personne ne vient le déranger, tantôt le gauche, tantôt le droit, afin de ne pas trop se fatiguer. Soudain, alors qu'il vient d'ouvrir l'œil gauche, il aperçoit, juste devant lui, le singe.
– Hé ! dis donc, toi ! Ne sais-tu pas que c'est l'heure de ma sssssieste ?
– Je sais, mais j'ai près de moi quelqu'un qui veut prendre ta place ! répond le singe en s'écartant pour laisser apparaître la queue d'un énorme serpent.
– Hé ! toi, va-t'en d'ici ! crie Edmond.
L'autre serpent ne bouge pas.

– File d'ici, je te dis ! Déguerpis, tu m'entends ? Non mais, tu es sssssourd ou quoi ? Décampe ! C'est mon herbe, c'est mon arbre, c'est mon ombre !
L'autre ne bouge toujours pas.
– Quel culot ! dit Edmond. Attends un peu, je vais t'apprendre qui je sssssuis !
Edmond s'avance vers lui, mais l'autre s'échappe aussitôt, fait le tour du grand arbre, puis longe la mare et file tout droit vers la savane à travers les hautes herbes. Edmond le poursuit, accélère, mais s'épuise sans parvenir à le rattraper. Ce grand serpent est non seulement rapide, mais aussi moqueur, car quand Edmond ralentit, il ralentit aussi.

Sur son chemin, Edmond croise le zèbre, puis le lion et enfin l'éléphant. Tous lui conseillent de laisser ce serpent tranquille, mais Edmond n'est pas du genre à abandonner : un misérable serpent a osé le déranger, il devra payer.
Au bout de trois longues heures, il en a assez. L'autre est tout près, juste devant lui, alors, dans un dernier effort, il allonge le cou, ouvre grand sa gueule et croc ! il l'attaque.
On entend alors un horrible cri dans la savane : c'est Edmond qui hurle.
Eh oui ! Il n'y a jamais eu d'autre serpent ; il s'est lui-même mordu la queue !

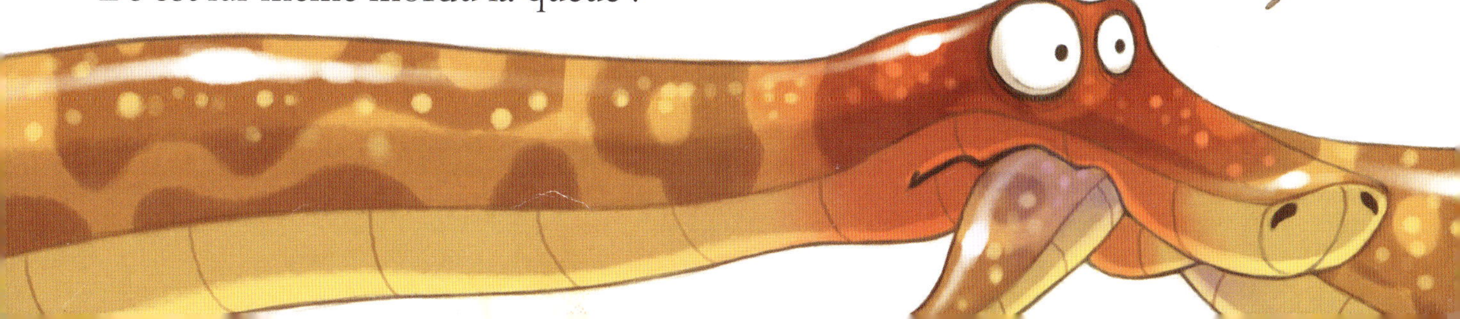

Le zèbre, le lion et l'éléphant éclatent de rire en même temps et courent vite s'installer sous le grand arbre feuillu. Le singe les attend déjà, accroché à une branche : avec cette chaleur, rien de tel qu'un peu d'ombre… Finalement, ses blagues sont plutôt drôles, surtout celle qu'il a faite à Edmond, le serpent le plus long du monde !

Edmond, lui, n'est plus jamais revenu sous le grand arbre feuillu. Et il ne s'étend plus de tout son long pour dormir, on ne sait jamais…

Valérie Rocheron-Oury - Émilie Camatte

Binta et Fatou

Dans un petit village du Mali vivaient deux jeunes filles. L'une s'appelait Binta, l'autre, Fatou. Elles étaient amies depuis toujours et se considéraient comme sœurs jumelles parce qu'elles étaient nées le même jour.

Avec leur peau d'un noir cuivré et leurs tresses ornées de perles, toutes les deux étaient d'une très grande beauté. Le soir, une fois les corvées terminées, elles s'asseyaient sous le grand baobab et rêvaient tout haut.

Elles se ressemblaient beaucoup, sauf sur un point : Binta était travailleuse alors que Fatou ne pensait qu'à danser. Souvent, Fatou demandait à Binta de la remplacer pour aller tirer l'eau du puits parce qu'elle s'était couchée trop tard et qu'elle avait mal aux pieds. Binta, qui l'aimait beaucoup, acceptait toujours.

– Ne vois-tu pas que Fatou n'est qu'une paresseuse ? lui disait souvent sa mère. Et elle ne te rend jamais service, elle !

Mais Binta ne l'écoutait pas, tout à son amitié pour sa chère Fatou.

Un jour, Fatou tomba malade. Son visage enfla et se couvrit de boutons hideux ; ses pieds et ses mains se recroquevillèrent et commencèrent à pourrir.

– C'est la lèpre ! annonça la vieille Awa, la guérisseuse du village. Malheureusement, jamais tu ne retrouveras ton visage ni ton corps d'avant.

Désespérée, Fatou refusa alors de boire et de manger. Binta, qui ne savait plus quoi faire pour la consoler, craignait de la voir mourir : elle décida donc d'aller consulter une sorcière très puissante qui vivait dans la montagne.

– As-tu confiance en ton amie ? lui demanda la sorcière. Et es-tu prête à tout pour elle ? Es-tu prête à donner de toi-même ?
– Oui, je le suis, répondit Binta.
– Dans ce cas, quand la nuit tombera sur la savane, partage cette potion entre vous deux, puis pose ta main sur son visage. À l'aube, recommence.
– Que se passera-t-il ? demanda Binta.
– Elle aime vivre la nuit, dit la sorcière, et c'est là que tu lui prêteras ta beauté. Au lever du jour, elle te la rendra. Acceptes-tu ?

Binta accepta et fit comme la sorcière l'avait ordonné. Le jour, elle vaquait à ses occupations, allumait le feu, cuisinait, jardinait, puisait l'eau, tannait des peaux de chèvre pour les vendre au marché, tandis que Fatou se cachait dans sa case, impatiente de pouvoir sortir. La nuit, parée de la beauté de Binta, Fatou allait danser jusqu'à l'aurore.

Un matin, Fatou ne revint pas. Binta l'attendit en vain pendant des heures, terrée au fond de sa case, n'osant pas sortir. La journée se passa, puis une autre et une autre encore.
– Ma pauvre Binta ! Inutile de continuer à l'attendre, elle t'a bien eue, se lamenta sa mère. Et te voilà lépreuse !

Binta partit à la ville à la recherche de Fatou. Là, elle apprit que celle-ci était à présent mariée à un riche marchand et qu'elle aimait toujours autant danser. Alors, elle l'attendit à la porte de sa magnifique demeure pour tenter de lui parler.
Fatou sortit bientôt, richement parée. En voyant son ancienne amie, elle la fit chasser par les gardiens, effrayée à l'idée qu'elle veuille la toucher au visage pour récupérer sa beauté.

Ulcérée, Binta décida alors de la piéger pour retrouver son beau visage.
C'est ainsi qu'elle se fit engager comme laveuse de poubelles dans l'immense maison de Fatou.
Un soir, Fatou donna une grande fête. Cachée dans les cuisines, Binta patienta jusqu'à l'aube. Quand Fatou s'apprêta à aller se coucher avec son mari, Binta surgit, posa la main sur sa joue et lui dit :
– Sois maudite, toi qui m'as trahie, et demeure lépreuse à tout jamais !

Puis elle s'en alla sans se retourner tandis que le visage de Fatou se couvrait de pustules sous les yeux de son mari, horrifié.

Redevenue elle-même, Binta retourna dans son village, où elle épousa le fils du chef. Quant à Fatou, son mari la quitta. En effet, non seulement le visage de sa femme lui faisait horreur, mais il savait maintenant qu'elle n'était qu'une créature ingrate, dure et mauvaise.
– J'aurais pu continuer à t'aimer, même lépreuse, lui dit-il avant de partir, mais ton cœur est encore plus laid que tout le reste.

Depuis, Fatou erre dans les rues de la ville, regrettant amèrement sa beauté perdue.

Marthe Platz - Raphaëlle Laborde

Le roi ne se déplace pas

Le plus grand baobab de la savane africaine abrite une bien jolie cabane. Qui s'installe dans cette cabane ? C'est madame Hippopotame ! Elle emménage ce matin, c'est pourquoi meubles et cartons sont entassés devant sa maison.

Mais madame Hippopotame a un souci : il lui est impossible d'ouvrir la porte ! Alors elle court chez le roi Lion, qui daigne à peine ouvrir un œil.

– Qui ose me réveiller ? demande-t-il du bout des lèvres.

– C'est moi, Votre Majesté, c'est madame Hippopotame. Je suis pressée d'emménager, mais ma serrure est bloquée. Pouvez-vous m'aider ?

– Le roi ne se déplace pas ! déclare-t-il d'un ton solennel.

Sur le chemin du retour, madame Hippopotame rencontre une fourmi rouge et lui expose son problème.

– Je veux bien vous aider ! répond celle-ci. Et la voilà qui se glisse sous la porte et pénètre dans la serrure. Quelques instants plus tard, elle en ressort, poussant devant elle un minuscule caillou.

– Bravo ! s'exclame madame Hippopotame en franchissant le seuil de la cabane.

Madame Hippopotame ne manque pas de courage, mais, toute seule, comment transporter meubles et cartons à l'intérieur ?

Elle court chez le roi, qui prend son petit déjeuner.

– Qui ose me déranger quand je beurre mes tartines ?

– C'est moi, Votre Majesté. C'est madame Hippopotame. J'ai besoin de gros bras pour installer mes meubles et porter mes cartons. Pouvez-vous m'aider ?
– Le roi ne se déplace pas ! répond-il la bouche pleine.
Énervée et furieuse, elle part en bougonnant :
– Ça ne se passera pas comme ça !

Sur le chemin du retour, madame Hippopotame aperçoit un troupeau d'éléphants qui se désaltèrent au bord du lac.
– Ohé ! crie-t-elle, je suis votre voisine, j'emménage dans la cabane.
Les éléphants s'approchent et elle leur explique son embarras.
– Rassurez-vous, ma p'tite dame ! dit le chef du troupeau. Nous sommes les déménageurs de la savane, et qui nous fait confiance ne se trompe pas !
Avec tous ces éléphants, madame Hippopotame ne sait plus où donner de la tête.
– Devant ! dit-elle. Derrière… à gauche… à droite… en haut… en bas…
En deux temps trois mouvements, les éléphants installent les meubles, rangent la vaisselle dans les placards et les vêtements dans les tiroirs.
Madame Hippopotame est exténuée, mais aux anges : elle est enfin chez elle !

Le lendemain soir, rythmes endiablés, rires et chants résonnent dans la savane. Sa Majesté le Lion voudrait bien dormir. Il se tourne et se retourne dans son lit sans pouvoir fermer l'œil. Au bout d'une heure de ce ramdam, il décide d'agir.

Devant la porte grande ouverte de madame Hippopotame, il hurle :

– Qui ose perturber ma tranquillité ?

– C'est moi, Votre Majesté. C'est madame Hippopotame ! J'organise une fête pour remercier tous ceux qui m'ont aidée à emménager, et j'ai invité mes voisins pour faire connaissance.

– Et moi… Moi, le roi, je n'ai pas été convié ! gronde-t-il, mécontent.

Madame Hippopotame lui répond en souriant :

– Je vous aurais bien invité mais… le roi ne se déplace pas !

Catherine Kalengula - Claire Delvaux

Recettes à la Mistouflette

Dans la cuisine d'un grand restaurant de Paris, s'agite un tout nouveau commis : Mistouflette. Elle a toujours une idée de recette derrière la tête ! Lorsqu'elle est entrée au service du grand chef Martin, elle était pleine d'espoir. Avec lui, elle allait pouvoir devenir une cuisinière reconnue, bien entendu ! Mais, depuis son arrivée, Mistouflette est obligée de laver la vaisselle à longueur de journée. Et elle regarde, désespérée, le tas d'assiettes empilées qui ne cesse jamais de monter.

« Comment montrer au grand chef que je sais cuisiner ? » se demande-t-elle en lavant une casserole pleine de pâtes qui collent.

Un matin, Mistouflette arrive de bonne heure, bien avant l'ouverture, pour avoir le temps de préparer une recette qu'elle a inventée : des crevettes aux cacahuètes !
Satisfaite, elle laisse le plat en évidence, près de la toque du grand chef. Lorsque celui-ci arrive, il n'a pas tout à fait la réaction que Mistouflette espérait.
– Qui a osé mettre ces crevettes sous mon nez ? vocifère le grand chef. Tout le monde ici sait que je suis allergique aux crustacés ! Une fois, j'ai même failli en mourir ! Vraiment, ça ne me fait pas rire !
Mistouflette retourne à son évier sur la pointe des pieds…

Mais quand on est cuisinier, comme dans d'autres métiers, il faut savoir persévérer. Alors, le jour d'après, Mistouflette se remet au travail. Aujourd'hui, ce sera… un soufflé praliné-nougat ! Elle le pose près du passe-plat. Elle a hâte de voir ce que le chef Martin dira quand il arrivera…
– Hum, qui a préparé cette chose ? demande le chef, après avoir avalé une cuillerée de soufflé. C'est… extraordinaire !

Mistouflette s'apprête à crier de joie, mais un autre commis s'écrie :
– Chef, chef, c'est moi !
– Bravo, mon petit, tu vas cuisiner avec moi, aujourd'hui !
Rageuse, Mistouflette retourne à ses assiettes…

Loin de se décourager, elle revient le lendemain avec une autre idée : des galettes à la confiture de foie gras citronnée. « C'est une recette originale… peut-être même un peu trop », se dit Mistouflette, qui fixe l'assiette en secouant la tête.
– Mistouflette, que tu es bête ! Ce plat, c'est n'importe quoi !
Finalement, elle met ses galettes fourrées de côté. Elle a encore un peu de temps, aussi décide-t-elle de préparer un condiment : une purée d'oignons aux truffes.
« Au moins, c'est une recette traditionnelle », pense Mistouflette, un peu plus sûre d'elle.

Au moment où elle se dirige vers les frigos, les bras chargés de ses deux plats, quelqu'un ouvre violemment la porte à deux battants. VLAN !
Le contenu des assiettes de Mistouflette fait des pirouettes, avant d'aller s'écraser sur le sol carrelé.

– Oh ! se contente-t-elle de s'exclamer en tentant de ramasser la bouillie de galettes et d'oignons étalée à ses pieds. En relevant la tête, elle se retrouve nez à nez avec le grand chef cuisinier. Mistouflette devient aussi rouge qu'un piment d'Espelette, tandis que le chef Martin lui prend les assiettes des mains. Ses plats ne ressemblent plus à rien !
Sous les yeux horrifiés de l'apprentie cuisinière, le chef y plonge une cuiller.
– Hum… Mais qu'est-ce donc ?
On dirait un émincé de galettes au foie gras et aux oignons… avec une pointe de truffe et de citron. C'est… parfait !
Mistouflette l'aurait plutôt appelé « grosse bouillie de purée », mais qu'importe ! Bientôt, elle pourra peut-être porter une toque !

Anne Jonas - Coralie Vallageas

La petite vieille dans sa cabane

Il était une fois une vieille femme nommée Babouchka. Elle habitait une minuscule cabane au fin fond d'une sombre forêt de Pologne. Tout au long de sa vie, malgré les mille misères qu'elle avait connues, elle avait toujours gardé le sourire.

Mais voici qu'un matin tout changea.
Elle se leva en rouspétant si fort qu'elle fit peur à son chat.
– Ma maison est vraiment trop petite ! Dès que je pousse la porte, je tombe sur mon lit. Et je pourrais presque pousser les murs avec mes deux bras écartés ! Ça ne peut plus durer !
Babouchka ronchonna toute la journée et même une partie de la nuit.
Le lendemain matin, elle attela son petit traîneau et partit rendre visite à Boris, son voisin le plus proche.
Quand elle eut fini de lui raconter ses soucis, celui-ci lui annonça :
– J'ai la solution, Babouchka ! Retourne chez toi et fais entrer ta poule dans ta cabane. Ensuite, reviens me voir.
Babouchka se demanda si Boris n'était pas devenu fou, mais elle fit tout de même ce qu'il lui avait conseillé.
Aussitôt installée, la volaille sema une indescriptible pagaille. Non seulement, elle pondit ses œufs un peu partout, mais en plus elle fit tomber la pendule en voulant se percher dessus.

Le lendemain matin, Babouchka frappa à la porte de Boris.
– Boris, tu t'es moqué de moi ! cria-t-elle.
Un anchois dans son bocal doit avoir plus de place que moi dans ma cabane !

– Ne t'énerve pas, Babouchka, répondit Boris en souriant. Continue à m'écouter, et je te promets que, très bientôt, tu me remercieras. Maintenant, fais entrer ta chèvre dans ta cabane. À demain.
Et Babouchka, écoutant son ami, installa sa biquette chez elle. Mais catastrophe ! À peine arrivée, la chèvre déchiqueta le couvre-lit en tentant de brouter les fleurs brodées dessus.

Le jour suivant, Babouchka, qui n'avait pas dormi de la nuit, n'en crut pas ses oreilles lorsque Boris lui dit d'installer son cochon dans sa cabane.
Il dévora toutes les provisions en trois bouchées et se coucha sur le lit pour digérer. Il fut impossible de l'en déloger, et Babouchka dut dormir dans son buffet.

Lorsqu'elle s'en retourna voir Boris, celui-ci lui demanda un dernier petit effort. Babouchka ne trouva pas l'effort si petit que ça puisqu'il s'agissait maintenant de faire entrer sa vache dans la cabane ! Elle dut la tirer et la pousser pendant plusieurs heures avant que l'animal veuille bien passer la porte. Ensuite, comme plus personne n'avait de place pour respirer, il fallut s'organiser : Babouchka installa la poule sur la cheminée et la chèvre sur le fauteuil, laissa le cochon sur le lit et casa la vache à côté, avec la tête

qui dépassait par une fenêtre et la queue par l'autre. Comme la nuit précédente, Babouchka retourna dormir dans le buffet.

Elle était maintenant tellement en colère qu'elle n'attendit même pas la fin de la nuit pour grimper dans son traîneau. Elle toqua à la porte de Boris.
– Bravo pour tes idées ! Nous sommes si serrés dans ma cabane que même une puce ne pourrait pas y entrer. Et maintenant, faut-il que j'y installe un ours ?
– Pas du tout ! répondit Boris en bâillant. Maintenant, je te demande juste de faire sortir tous tes animaux.
Babouchka, enchantée par cette idée, se dépêcha de rentrer.
– Allez ! Ouste ! Du vent ! Du balai ! cria-t-elle à la poule, à la chèvre, au cochon et à la vache.
Comme les animaux se sentaient eux aussi à l'étroit, ils ne se le firent pas dire deux fois et s'en allèrent en courant.

Babouchka, enfin seule, s'assit alors sur son lit. « Quel silence ! Et surtout : quel espace ! pensa-t-elle en souriant. Comment ai-je pu penser que cette cabane était trop petite ? Elle est spacieuse ! Immense ! Gigantesque ! » Tout en faisant un peu de rangement, Babouchka se dit que, maintenant qu'elle avait tellement de place, elle pourrait bien inviter Boris boire le thé en jouant aux dés…

Gwendoline Raisson - Marie Paruit

Les trois petits agneaux

Il était une fois trois petits agneaux qui étaient frères. Ils s'entendaient très bien et refusaient de se séparer depuis que leur maman était partie à la ville, travailler au service du sultan. Le premier agneau, qui était passionné d'astronomie, dormait à la belle étoile. Le deuxième préférait se balancer toute la journée dans un hamac entre deux palmiers. Quant au troisième, il avait élu domicile dans une grotte, juste à côté, parce qu'il y faisait frais.

Mais un jour de pas de chance, un jour à rester chez soi, voilà qu'un vilain chacal débarqua dans la région. Il avait le poil ras, les dents pointues et, pire que tout, il était affamé.
Tout le monde se sauvait sur son passage, de peur de se faire dévorer, mais nos petits agneaux, eux, ignoraient le danger. Ils n'écoutaient ni les infos à la radio, ni les ragots du marché.
Il ne fut donc pas difficile au chacal de les trouver.

Il tomba d'abord sur le premier agneau, occupé à réparer sa longue-vue.
– Tiens, qui es-tu ? demanda l'agneau, intrigué.
– Je suis un chacal affamé, lui répondit le chacal affamé.
L'agneau pointa aussitôt du doigt quelque chose dans le ciel et s'écria :
– Ça alors ! Regarde ! Une comète en chocolat ! Et elle fonce droit sur toi !
Tandis que le chacal regardait en l'air, l'agneau malin s'enfuit et se réfugia dans le hamac de son frère.

Mais le chacal arriva bientôt et déclara aux deux frères :
– Vous vous croyez malins, mes agneaux, mais quand j'ai faim, je peux sauter très haut.

Et il se mit à faire de grands sauts et à déchirer le hamac, morceau par morceau.
Le palmier, probablement agacé d'être ainsi secoué, lâcha alors deux belles noix qui vinrent s'écraser sur le crâne du chacal. Profitant qu'il était assommé, les deux agneaux prirent leurs pattes à leur cou et se réfugièrent dans la grotte du troisième agneau, puis ils fermèrent l'entrée avec une grosse pierre.

Le chacal ne tarda pas à rappliquer, mais il eut beau gratter, souffler, frapper, il ne parvint pas à entrer dans la grotte. Au bout d'un moment, il arrêta de s'agiter et annonça bien fort :
– Tant pis, ces agneaux sont trop malins pour moi. Je perds mon temps à vouloir les manger. Je m'en vais…
Mais au lieu de s'en aller, le chacal rusé se cacha derrière un buisson, prêt à bondir.
À l'intérieur, les agneaux se mirent à danser de joie, en chantant à haute voix :
– Youpi, on a réussi à chasser ce vieux chacal pourri !
Puis l'un d'entre eux s'écria :
– S'il avait été plus malin, ce chacal serait passé par le puits.
Le deuxième poursuivit :
– Celui qui est derrière le deuxième cyprès à droite.

Le troisième reprit :
– Car tout le monde sait, par ici, qu’au fond de ce puits se trouve un passage secret qui mène directement dans la grotte !
Quand il entendit cela, le chacal n’hésita pas une seconde : il courut jusqu’au puits et sauta dedans, sûr de lui. Malheureusement, une fois au fond, il se rendit compte que les agneaux l’avaient roulé : il n’y avait pas de passage secret…

– Mais ça peut être une bonne idée, un passage secret, si tu veux sortir d’ici, fit alors remarquer un des agneaux, penché par-dessus la margelle du puits.
– Sauf que, pour cela, il va te falloir creuser… ajouta un des deux autres.
– Désolés de ne pas t’aider, mais toutes ces aventures nous ont un peu fatigués, conclut le troisième.

Anne Jonas - Gretchen

Le sultan et le mendiant

Il était une fois, au pays des mille et une nuits, un mendiant nommé Hakim. Au coucher du soleil, lorsqu'il avait vraiment trop faim, il avait l'habitude de s'asseoir devant la maison d'un riche marchand. Là, les merveilleuses odeurs qui s'échappaient des cuisines lui donnaient l'impression de se nourrir un peu.

Un soir, alors qu'il rêvait en humant un délicieux parfum de canard aux amandes, il lui vint une idée. Une merveilleuse idée. L'idée qui lui permettrait peut-être de sortir de sa misère !
Sans perdre un seul instant, il quitta la ville pour se rendre dans une cité voisine où on ne le connaissait pas et où il pourrait ainsi mener à bien son projet…

Un mois plus tard, lorsqu'il revint à Bagdad, Hakim n'avait plus rien d'un vagabond. Sa barbe était parfaitement taillée et il portait un splendide manteau de soie ainsi que des babouches brodées d'or. Il lui arrivait même de distribuer quelques pièces aux mendiants qu'il croisait !
Malgré cela, certains habitants de Bagdad le reconnurent, sans toutefois oser lui demander d'où venait sa fortune. Bientôt, les histoires les plus folles se mirent à circuler de places en ruelles. Certains disaient qu'Hakim avait un chameau faisant du crottin d'or tandis que d'autres affirmaient qu'il avait découvert un arbre où poussaient des diamants.

Ces histoires finirent par arriver à l'oreille du sultan. Celui-ci, toujours intéressé par un nouveau moyen de s'enrichir, convoqua immédiatement Hakim dans son palais.

– On me raconte, dit-il, que le mois dernier encore tu étais un vagabond à l'estomac vide, et je te vois aujourd'hui presque aussi richement vêtu que moi. Comment as-tu fait ? As-tu appris un métier ?

– Oh non, Votre Seigneurie ! répondit Hakim. Je ne sais toujours rien faire de mes dix doigts…

– As-tu fait un héritage ? questionna encore le sultan.

– Oh non, Votre Magnificence ! Je ne connais même pas le nom de mes parents ! s'écria Hakim en faisant semblant de verser une larme.

– Mais alors, quel est ton secret ? Es-tu un peu magicien ?

– Oh non, Votre Grandeur ! dit l'ancien mendiant. Mon secret est tout simple. Je fais des paris que je gagne tout le temps.

– Gagner tout le temps est impossible ! s'écria le sultan.

– C'est pourtant ce que je fais, répondit calmement Hakim.

– Eh bien, soit ! s'écria le sultan en riant. Nous allons parier, et tu verras que je ne perdrai pas !

– J'accepte volontiers, lui répondit Hakim. Je vais donc parier avec vous que, demain matin, vous aurez un énorme bouton tout rouge sur la fesse droite.
– Pari tenu, dit le sultan en riant de plus belle.

Le lendemain matin, le sultan et Hakim se retrouvèrent dans la grande salle du palais. Sans hésiter une seule seconde, le souverain défit son habit richement brodé et montra son derrière.
– J'ai gagné, s'écria-t-il, triomphant. Je n'ai pas le moindre petit bouton sur les fesses ! Tu as perdu ton pari !
– Pas du tout ! répondit calmement le mendiant.
– Comment ça, pas du tout ? s'étonna le sultan, qui commençait à être inquiet.
– Oh, c'est tout simple ! J'admets que je vous dois cinquante pièces d'or, mais je vais au même moment en gagner cinq cents…
– Et pourquoi cela ? demanda le sultan.
– Tout simplement parce que, hier, j'ai parié cinq cents pièces d'or avec votre vizir que vous alliez me montrer vos fesses aujourd'hui. Et n'ai-je pas réussi ?

Le sultan se montra beau joueur et préféra rire de cette histoire. Il offrit même au mendiant de devenir son nouveau vizir, espérant ainsi bénéficier des mille et un tours qu'Hakim cachait sans doute dans son sac !

Lito - 41, rue de Verdun 94500 Champigny-sur-Marne
Imprimé en UE - Loi n° 49-956 du 16 juillet 1949
sur les publications destinées à la jeunesse
Dépôt légal : juin 2011